AF498376

MÉLANGES RENIER

RECUEIL DE TRAVAUX

PUBLIÉS PAR L'ÉCOLE PRATIQUE DES HAUTES ÉTUDES

(Section des sciences historiques et philologiques)

EN MÉMOIRE DE SON PRÉSIDENT

LÉON RENIER

ARTHUR AMIAUD

CYRUS, ROI DE PERSE

PARIS

F. VIEWEG, LIBRAIRE-ÉDITEUR

67, RUE DE RICHELIEU, 67

1886

Tirage à part non mis dans le commerce.

CYRUS, ROI DE PERSE

PAR ARTHUR AMIAUD

Voilà environ vingt-cinq siècles que Cyrus, fils de Cambyse, est mort, et jusqu'à ces dernières années personne, il semble, n'avait jamais songé à lui contester sa qualité de Perse, ni son titre de roi de Perse. L'accord parfait sur ce point des livres juifs, des historiens grecs et des traditions persanes avait emporté la conviction de tous les savants. Mais c'est un des traits caractéristiques de la science moderne, plus critique et plus riche aussi en informations directes, de remettre de temps en temps en discussion des problèmes dont la solution paraissait définitivement acquise et — cela se rencontre quelquefois — l'était en effet. Certainement c'est une chose excellente que cette revue passée des traditions classiques à la lumière des découvertes nouvelles. Il serait bon pourtant de se garder toujours d'une trop grande hâte. Les assyriologues sont aujourd'hui assez avancés dans l'étude des textes cunéiformes pour pouvoir reconnaître à combien d'égards l'intelligence qu'ils en ont demeure encore imparfaite. Cela doit nous rendre plus circonspects, lorsqu'il s'agit d'entrer en lutte avec les historiens anciens, qui n'avaient apparemment aucune raison de n'être pas véridiques, qui étaient plus rapprochés des lieux et des événements dont nous nous occupons, et qui, par conséquent, s'ils ne pouvaient toujours non plus que nous puiser directement aux sources, y pouvaient du moins remonter par des intermédiaires nombreux et par des interprètes plus autorisés que nous ne sommes.

Au commencement de 1880, sir Henry Rawlinson publia dans le *Journal of the Royal Asiatic Society* la traduction d'un très intéressant cylindre de Cyrus[1], trouvé à Babylone par M. Rassam, et dans lequel le roi de Perse racontait comment, par la protection de Mardouk, il s'était emparé de cette ville et y était entré sans coup férir. On s'émut vite d'une particularité assez étrange. Cyrus, dans cette inscription, ne prenait pas le titre de *roi de Perse*, mais celui de *roi de la ville d'Anšan* (l. 12); et il donnait le même titre à ses pères. L. 20, en effet, après s'être proclamé, selon la formule consacrée, *roi des légions, grand roi, puissant roi, roi de Babylone, roi de Soumir et d'Accad, roi des quatre régions*, il se déclarait fils de Cambyse, grand roi, *roi de la ville d'Anšan*, petit-fils de Cyrus, grand roi, *roi de la ville d'Anšan*, arrière-petit-fils de Téispès, grand roi, *roi de la ville d'Anšan, rejeton d'une longue suite de rois*.

Dans les mêmes fouilles auxquelles on devait le cylindre, un second document non moins précieux avait été mis au jour. C'était une tablette relatant année par année les événements principaux du règne de Nabonide, jusqu'après la prise de Babylone par Gobryas et l'entrée victorieuse de Cyrus et de son fils Cambyse. On put savoir bientôt, par une communication de M. Pinches à la Société d'archéologie biblique[2], que dans ce texte encore Cyrus portait le titre de roi d'Anšan.

Qu'était-ce donc que cette ville d'*Anšan*, dont on lisait le nom si inopinément là où l'on se fût attendu à trouver celui de la Perse? Les textes connus n'étaient pas absolument muets à son égard. Nul doute qu'elle fût identique à ce pays d'Anšan, AN-DU-AN KI, mentionné en deux endroits du recueil des *Cuneiform inscriptions of Wes-*

---

1. Le texte en a été donné depuis dans le cinquième volume des *Cuneiform inscriptions of Western Asia*, pl. 35.

2. *Proceedings of the Society of biblical Archæology*, mars 1880. M. Pinches a publié les Annales de Nabonide dans le vol. VII des *Transactions* de la même société, p. 139 et suiv.

tern Asia, une fois, sans commentaires, dans une liste de villes et de pays (vol. IV, pl. 38, a, l. 16), et une autre fois dans une tablette lexicographique (vol. II, pl. 47, cd, l. 18), où lui sont assignées la prononciation d'*Aššan* et la signification d'*Elamtu,* « le pays d'Elam ». De ces deux formes *Anšan* et *Aššan,* on en rapprocha alors une troisième, *Anzan,* fournie par le titre que se donnaient eux-mêmes dans leurs inscriptions les rois Susiens : *gig sun-kik Anzan Sušunqa,* « roi d'Anzan et de Susiane »[1]. Et ce rapprochement a été justifié depuis par la découverte d'un texte de Nabonide, où Cyrus est appelé *šar mât An-zan*[2]. L'incertitude, pensa-t-on, n'était plus possible, et puisqu'on savait d'ailleurs que Suse avait été l'une des capitales préférées des Achéménides, il fallait traduire *šar al Anšan* ou *mât Anzan* par « roi de Susiane ». A l'appui de cette traduction, on eût peut-être invoqué encore, si on les eût connues alors, les lignes suivantes d'une inscription de Goudéa, qui nous apprennent que ce *patesi* battit la ville d'Anšan du pays d'Elam : *uru Anšan Nima-Ki musig*[3]. Et voilà Cyrus et ses aïeux, de rois de Perse qu'ils étaient, passés tout à coup rois de Susiane.

On est allé plus loin, et un éminent assyriologue anglais, M. Sayce, dans son ouvrage intitulé : *Fresh light from the ancient monuments,* a cru pouvoir écrire en titre courant des pages 167 et 175 : *Cyrus a polytheist* et *Cyrus not a Persian.*

Que Cyrus, en politique habile, ait partout respecté les religions des peuples conquis, qu'il ait même sacrifié à Mardouk à Babylone, comme plus tard son fils Cambyse aux dieux égyptiens, cela paraît en effet bien prouvé. Il n'est pas douteux que, dans sa lutte contre Nabonide, il n'ait su ranger de son côté les fidèles de toutes les villes saintes de Babylonie, indignés des libertés que Nabonide avait prises avec leurs dieux. Ce dernier prince, de culte

----

1. Voyez Lenormant, *Choix de textes cunéiformes,* n° 31 et suiv.
2. WAI, vol. V, pl. 64, col. 1, l. 29.
3. Inscription B, col. 6, l. 65. Voyez de Sarzec, *Découvertes en Chal-dée,* statue de l'architecte au plan, pl. 19.

éclectique, tandis qu'il mécontentait les villes de Chaldée et les pays étrangers en enlevant leurs divinités pour les introduire à Babylone, froissait également les Babyloniens par l'introduction de ces divinités étrangères et l'abandon où il laissait Mardouk et Nabou, les grands dieux jaloux des temples *Ešakil* et *Ezida*. L'auteur du texte babylonien connu sous le nom d'Annales de Nabonide répète presque à chaque année avec tristesse : « Le roi ne vint pas au mois de nisan à Babylone ; Nabou ne vint pas à Babylone, Bel n'en sortit pas. » C'est-à-dire sans doute que les processions annuelles n'eurent pas lieu, où l'on portait solennellement la statue de Nabou de Borsippa à Babylone et celle de Mardouk de Babylone à Borsippa. Cyrus profita du mécontentement général. Il nous dit lui-même : « Mardouk irrité interrogea du regard tous les pays et il choisit, pour lui donner le pouvoir, un roi juste et selon le vœu de son cœur ; il élut Cyrus, roi d'Anšan, et l'appela à la souveraineté de l'univers... Il le fit entrer sans combattre dans Sou-Anna ; il délivra par lui sa ville de Babylone ; il mit dans sa main Nabonide, le roi qui ne l'honorait pas... » Il dit encore : « Dans tous les pays, j'ai rétabli les dieux dans les temples où ils avaient résidé de tout temps. Quant aux dieux de Soumir et d'Accad que Nabonide, à la colère du maître des dieux, avait introduits dans Babylone, je les ai réinstallés en paix, par l'ordre du grand seigneur Mardouk, dans les sanctuaires leurs demeures préférées. Que tous les dieux que j'ai ramenés dans leurs villes saintes intercèdent chaque jour pour moi devant Bel et Nabou!... » C'est bien là tout à fait le langage d'un prince orthodoxe babylonien, et rien, dans les inscriptions qui émanent de Cyrus ou qui se rapportent à lui, ne fait supposer qu'il fût zoroastrien ou qu'il connût même le nom d'Ormazd. On est en droit de se demander pourtant qui était le polythéiste chez Cyrus, de l'homme ou bien seulement du politique. Un avenir prochain tranchera sans doute cette question. Sauf une inscription trilingue de quatre mots, gravée sur les piliers de Mourghâb, on ne possède aujourd'hui du grand roi que des textes en langue assyrienne, provenant de Babylone et destinés aux Babyloniens. Mais des fouilles ou des explorations scientifiques en Susiane et en Perse ne peuvent guère manquer de ressusciter d'autres inscriptions de ce prince, ou des rois ses pères qui l'ont précédé sur le trône d'Anśan, rédigées soit en perse, soit en élamite. Comptons sur elles pour nous renseigner sur la religion nationale de ces rois.

Du moins leur nationalité ne saurait être douteuse : ils étaient Perses. Au contraire de M. Sayce, M. Halévy a fort bien vu que le titre de roi d'Anśan, qu'il traduit par roi de Susiane, ne prouvait pas contre l'origine perse de la dynastie de Cyrus. Rien que les noms de ce prince et de ses pères, *Kurus, Kambujiya, Tchaispis, Hakhâmanis*, suffiraient, comme il l'a remarqué, pour éclaircir cette origine. Mais, au dire du très savant orientaliste, « les premiers Achéménides, malgré les noms qu'ils portaient, s'étaient si bien nationalisés en Susiane, que le plus puissant d'entre eux, Cyrus, prend dans son protocole officiel le titre de « roi de Susiane », au lieu de celui de « roi de Perse ». Ce dernier titre lui est exclusivement donné par des étrangers, soit dans le but d'indiquer sa conquête de la Perse, soit dans celui de préciser son origine[1]. » Selon le même auteur, « de ce que la Bible appelle Cyrus « roi de Perse » ou « le Perse », on peut seulement conclure que la Perse faisait partie de son empire et qu'il descendait d'une famille originaire de la Perse, non qu'il est immédiatement venu de ce pays[2]. » Je crois ici, avec d'autres contradicteurs[3], que M. Halévy tient trop peu de compte de l'autorité des auteurs sacrés et profanes, qui font de Cyrus un roi de Perse. Je crois, et je vais essayer de prouver que le titre de roi d'Anśan emportait, dans la pensée des scribes babyloniens qui l'ont employé, soit qu'ils écrivissent en leur propre nom, soit qu'ils s'exprimassent au nom de Cyrus, la signification de roi de Perse, — que les deux titres s'équivalaient. Et, sans cette équi-

---

1. *Mélanges de critique et d'histoire*, p. 116.
2. *Ibid.*, p. 117.
3. E. Babelon, dans les *Annales de philosophie chrétienne*, 1881. — A. Delattre, *Le peuple et l'empire des Mèdes*, 1883.

valence, comment expliquerait-on que le rédacteur des Annales de Nabonide, qui nomme deux fois Cyrus en faisant suivre son nom de son titre royal, l'appelle une fois roi d'Anšan, *šar Anšan* (col. 2, l. 1), et une fois roi de Perse, *šar mât Parsu* (col. 2, l. 25)? Qu'on n'objecte pas que dans le cylindre où Cyrus lui-même a la parole, une pareille variante ne se rencontre pas, qu'il s'y nomme toujours et qu'il y nomme ses prédécesseurs rois de la ville (ou du pays) d'Anšan, qu'il connaissait apparemment son propre titre mieux qu'un scribe babylonien. Je pense au contraire que la leçon roi de Perse est bien plus probante sous le style d'un Babylonien que dans la bouche de Cyrus. Qu'on veuille y voir un lapsus ou une modification intentionnelle, cette leçon ne peut s'expliquer, dans l'opinion que je combats, que par la préoccupation où était son auteur de l'origine perse du roi d'Anšan et de sa domination sur la Perse. Mais cette préoccupation se comprendrait bien mieux chez Cyrus que chez des étrangers. Qu'importait aux Babyloniens l'origine dynastique de leur vainqueur? Ils auraient vu avant tout dans Cyrus, roi de Susiane, non pas le Perse roi de Perse, mais l'héritier de l'antique puissance élamite, et, s'ils avaient pu songer à modifier son titre officiel, c'était celui si célèbre de roi d'Elam, *šar mât Elamti*, qui serait venu le plus naturellement à leur pensée. Ils ne lui ont pourtant pas donné ce titre, et ils ne le pouvaient. Car autre chose était la royauté d'Elam et autre chose la royauté d'Anšan. Je le répète, la leçon *šar mât Parsu* des Annales de Nabonide, leçon unique aujourd'hui dans les textes cunéiformes, *mais dont on ne saurait exagérer l'importance*, soutenue qu'elle est de l'accord de tous les historiens anciens, cette leçon ne peut s'expliquer que par l'équivalence des titres de *roi d'Anšan* et de *roi de Perse*. Équivalence seulement dans la langue babylonienne et à une époque déterminée. Toutes comparaisons clochent. Je dirai pourtant que la Perse est le pays d'Anšan après l'invasion des Perses, comme la France est la Gaule après l'invasion des Francs. Il est naturel qu'on ait continué pendant longtemps à appeler respectivement en latin *Gallia* et en

assyrien *Anšan*, la Gaule envahie par les Francs et l'Anšan envahi par les Perses, — même après qu'on eut
adopté des noms conformes aux nouvelles appellations
nationales : *Francia* en latin, *mât Parsu* en assyrien. Il
y a des siècles que les Angles se sont établis dans la
Grande-Bretagne, et nous disons pourtant encore : la
reine de Grande-Bretagne, aussi bien que : la reine
d'Angleterre. De même l'auteur des Annales de Nabonide a pu écrire indifféremment roi de Perse ou roi d'Anšan. Ce titre de roi d'Anšan, ou d'Anzan, ne pourrait
devenir embarrassant que s'il nous était offert par un
texte de Cyrus en langue perse. Mais je doute fort qu'on
ait chance de trouver rien de pareil dans les inscriptions
perses d'un roi qui a affirmé son origine, sur les piliers
de Mourghâb, aussi hautement que l'a jamais pu faire
Darius : « *Moi Cyrus, roi, Achéménide* ».

Nous avons vu que M. Halévy traduit par « roi de Susiane » les mots *šar al* (ou *mât*) *Anšan*; M. Sayce traduit ces mêmes mots par « roi d'Elam ». Ces traductions
sont-elles exactes? Oui et non. Si, par le nom de Susiane, on entend la Susiane proprement dite, l'Anšan
n'est pas la Susiane. Si, par ce nom ou par celui d'Elam,
on entend l'ensemble des pays soumis aux puissants mo-
narques susiens, adversaires presque constants des Sar-
gonides, l'Anšan n'est qu'une partie de la Susiane ou de
l'Elam. Précisons autant que possible la valeur géographique du mot Anšan. Une tablette lexicographique que
j'ai déjà citée (WAI, II, pl. 47, l. 18, cd), nous donne
l'équation *Anšan* (ou *Aššan*) = *Elamtu*. Rien n'est plus
certain aujourd'hui que le sens du mot *Elamtu*. *Elamtu*
(sous-entendez : *mâtu*) est un adjectif assyrien, de nom
commun devenu nom propre, et signifiant « le haut pays ».
Il désignait donc en principe la région montagneuse qui
commence au nord et à l'est de Suse[1]. Sa signification,
déjà très large, s'étendit encore plus tard, sans doute avec
l'empire des rois élamites, à la plaine de Suse et à la plus
grande partie du versant qui incline vers la Babylonie et

____

1. Voyez Delitzsch, *Wo lag das paradies?* p. 320.

la Chaldée. Sous le terme vague d'*Elamtu,* on devait donc comprendre bien des pays. Par exemple, d'après WAI, V, pl. 16, ab, l. 14 à 20, *Sumaštu* (= SU-EDIN-KI) et *Yamutbalu;* notre *Anšan,* d'après l'équation de WAI, II, pl. 47. Il est facile en effet de prouver que cette équation n'est pas absolue. D'abord nous ne trouvons jamais le titre de *šar Anšan,* qu'on donnait à Cyrus, changé en celui de *šar mât Elamti.* Puis, dans leurs inscriptions en langue susienne, les princes que les Assyriens appelaient rois d'Elam (*šar mât Elamti* ou simplement *Elamû*), s'intitulaient *gig Sunkik Anzan Sušunqa,* ce qui doit évidemment se traduire par « rois d'Anzan et de Susiane ». La Susiane et l'Anšan étaient donc deux parties distinctes de l'Elam. Une tablette de présages tirés de l'observation des phénomènes célestes (WAI, III, pl. 60), qui nomme à la ligne 53 le roi d'Elam et aux lignes 66 et 67 le roi d'Anšan et de Sumaštum, nous conduit à la même distinction si, comme je le crois, le pays de Sumaštum se confondait avec la plaine de Suse, et si dans les trois passages il s'agit du même roi. Enfin le témoignage de Goudea, qui nous apprend dans l'inscription de la statue B qu'il a vaincu « la ville d'Anšan du pays d'Elam », est entièrement d'accord avec les indications précédentes.

Dans quelle partie de l'Elam était situé ce pays d'Anšan qui, Goudea et Cyrus nous en sont garants, tirait son nom de sa ville capitale? A cette question, M. Halévy, s'appuyant sur le titre susien des rois d'Elam, *gig sunkik Anzan Sušunqa,* répond comme il suit : « Les deux derniers noms (*Anzan* et *Sušunqa*) représentent visiblement les deux divisions administratives de la Susiane, de même que les noms de Soumir et d'Accad présentaient l'ensemble de la Babylonie. De la ressemblance de *Sušunqa* avec *Sušun,* nom indigène de Suse, il ressort avec certitude que le premier désigne la province même où était située la capitale, c'est-à-dire la partie orientale de la Susiane, celle qui confine à la Perse. S'il en est ainsi, il s'ensuit qu'*Anzan* désigne la partie occidentale, celle qui avoisinait le bas Tigre et la mer adjacente. Mais cette

partie de la Susiane est précisément le *Elam* des inscriptions assyriennes et non point la Perse, comme l'a ima-
giné gratuitement M. Babelon... En effet, les rois de ces
inscriptions dont les noms portent un cachet susien et
qui résidaient à Suse n'auraient pas mentionné *Anzan* en
premier lieu, si c'était un pays étranger[1]. » Relevons
d'abord la surprenante affirmation que c'est précisément
« la partie occidentale de la Susiane, celle qui avoisine
le bas Tigre et la mer adjacente », le bas pays en un mot,
qui est l'Elam des inscriptions assyriennes, le *mâtu
Elamtu,* « le haut pays ». J'ai dit ma pensée sur ce point.
Ce n'est que par suite de l'annexion de la plaine susienne au domaine élamite, que le nom d'Elam a pu
s'étendre jusqu'à elle. Mais si cette plaine n'est pas l'E-
lam, est-elle l'Anzan? Pas davantage. Peu de pays étrangers nous sont connus aussi en détail, par les inscriptions
assyriennes, que cette région qui descend de Suse au
Tigre et à la mer. Sargon, Sennachérib, surtout Assourbanabil, dans les récits de leurs campagnes, les officiers
de ces rois dans leurs dépêches, en nomment à l'envi les
moindres villes. Or il suffit de parcourir la nomenclature
complète qu'en a donnée M. Friedrich Delitzsch (*Wo lag
das Paradies?* p. 322 à 329), pour s'assurer qu'à peine
un nom sur vingt n'est pas sémitique. Et j'ajoute qu'une
ville d'Anšan ou d'Anzan n'y paraît pas, qu'on devrait
pourtant y rencontrer dans l'hypothèse de M. Halévy,
puisqu'on est en droit d'admettre que le pays d'Anšan
avait été nommé d'après sa capitale. Comment veut-on
qu'une contrée toute sémitique, trop rapprochée d'ailleurs de la ville de Suse pour n'être pas comprise dans
la Susiane proprement dite et sous l'appellation *Sušunqa*
des textes susiens, ait été l'Anzan, le berceau de l'empire
des rois élamites? Car la remarque faite par M. Halévy
que, dans le titre de ces rois, l'Anzan a le pas sur la Susiane, me semble emporter comme conséquence non seulement que ce n'était pas un pays étranger, mais encore
qu'il constituait la plus ancienne partie de la monarchie.

1. Halévy, *Mélanges de critique et d'histoire,* p. 130.

Que si nous trouvons les princes élamites fixés en Susiane, c'est, je crois, par des raisons de convenance faciles à discerner : Suse était plus au centre de leur empire agrandi et offrait un séjour plus agréable que la région des montagnes. Et Cyrus dut céder aux mêmes raisons, quand il transporta à son tour dans cette ville le siège de son pouvoir [1].

C'est donc dans ces vastes montagnes qui environnent la Susiane de trois côtés, qu'il faut chercher le pays d'Anzan. Mais dans quelle direction et à quelle place ? L'unique indication, malheureusement trop vague, que nous fournissent sur ce point les inscriptions assyriennes, est tirée d'un cylindre de Sennachérib. Parlant de l'alliance conclue contre lui entre les Babyloniens révoltés et Oummanmenanou, roi d'Élam, le roi d'Assour dit : « Lui, l'Élamite, dont j'avais pris et ruiné les villes dans ma précédente campagne au pays d'Élam, ne put me pardonner dans son cœur ; il accepta les présents des Babyloniens ; il réunit ses troupes, ses chars et ses chevaux ; il appela à son aide de nombreux alliés, *les pays de Parsuaš, d'Anzan, de Paširu, d'Ellipi, les peuplades d'Yasan, de Lakapri, de Harzunu*, les villes de Dummuqu, de Suláya, de Sam'una, le fils de Mardukabiliddina, les pays de Bit-Adini, de Bit-Amukkana, de Bit-Sillana, de Bit-Sâla, les villes de Larrak, de Lahiru, les peuplades de Puqudu, de Gambulu, de Halatu, de Ru'ua, d'Ubulu, de Malahu, de Rapiqu, de Hindaru et de Damunu, et tous ensemble prirent le chemin du pays d'Accad [2]. » Aucune obscurité ne règne plus aujourd'hui sur la dernière et la majeure partie des noms compris dans cette énumération ; ils désignent tous des pays ou des tribus de la Babylonie et généralement de la Basse Chaldée. Quant aux sept premiers, on sait seulement avec certitude que le pays d'Ellipi était situé au sud de la Médie et au nord de l'Élam, sans doute

---

1. Voyez ce que dit à ce sujet Strabon, XV, 3, 2. Aux yeux du géographe grec, Suse n'a été pour Cyrus qu'une capitale de choix, non sa capitale héréditaire. (A. Delattre, *op. cit.*, p. 52.)

2. *Cylindre de Taylor*, col. 5, l. 25 et suiv.

aux environs de Béhistoun[1], et que la tribu de Yasan ou Yašian était distante de quelques milles seulement de la ville de Suse[2]. Le nom de Parsua, qui paraît assez fréquemment dans les inscriptions des rois d'Assyrie, de Salmanasar II à Sargon, et qui y désigne un pays situé dans l'Atropatène, est vraisemblablement le même nom que notre Parsuaš. Mais la difficulté d'aller chercher si loin au nord, entre le lac d'Ourmia et la mer Caspienne, un des alliés du roi d'Elam, alors que tous les autres connus sont sans exception limitrophes de son pays, m'oblige à reconnaître ici dans Parsuaš la Perse[3]. Il est alors possible de démêler un certain ordre géographique dans la nomenclature de Sennachérib. Il nomme d'abord sur une première ligne, en procédant du sud au nord, quatre pays plus ou moins indépendants, qui enveloppaient à l'est le territoire de la Susiane : Perse, Anzan, Pašíru, Ellipi ; puis, sur une seconde ligne plus rapprochée, trois peuplades de l'intérieur de la Susiane orientale : Yasan, Lakapri, Harzunu ; il passe enfin à cette foule de petits peuples qui avoisinaient à l'ouest, du côté de la Babylonie, la frontière du territoire susien.

Si je n'ai pas forcé la portée du langage de Sennachérib, l'Anzan doit être cherché entre la Susiane et la Perse. D'autres considérations encore obligent à le chercher là et plus près même de la Perse que de la Susiane. Mais qu'on me permette une digression qui trouvera bientôt sa route vers notre but. S'appuyant sur un passage d'Hérodote où cet historien fait connaître les six γένεα dont se composait le peuple des Mèdes[4], des savants ont soutenu que l'aristocratie seule était aryenne dans la Médie, que le fond de la population était touranien. « Les γένεα d'Hérodote, a-t-on dit[5], ne sont pas des tribus ou des peuplades

---

1. Schrader, *Keilinschriften und Geschichtsforschung*, p. 175 et suiv.

2. Delitzsch, *Die Sprache der Kossäer*, p. 46, d'après la tablette K, 10. (Pinches, *Texts in the babylonian wedge-writing*, p. 6, r°, l. 14.)

3. Cf. V. Floigl, *Cyrus und Herodot*, p. 9.

4. Livre I, 101.

5. Lenormant, *Les origines de l'histoire*, t. II, 1re partie, p. 489 et suiv. — Cf. Oppert, *Le peuple et la langue des Mèdes*, p. 7.

ayant chacune son district, comme les tribus qu'il signale plus loin chez les Perses, mais des classes de la population, presque des castes, et le mot de tribu ne peut s'y appliquer qu'avec son sens grec ou romain, indiquant les divisions des habitants d'une même cité... Puisqu'une des classes de la population s'intitulait spécialement, et pour se distinguer des autres, « race des Aryas », il est évident que le reste de la population n'était pas de cette race; et l'existence d'une race différente, plus anciennement en possession du sol, et qui y était restée attachée, n'est pas moins spécialement indiquée par le nom spécial d' « autochthones », donné à une autre classe... On discerne clairement la division ethnique des classes ou γένεα signalés par Hérodote dans la nation mède. D'abord deux tribus aryennes et dominantes, l'une guerrière et l'autre sacerdotale, *Ariyazantu* et *Magus*[1]; puis, au-dessous de celles-ci, quatre tribus soumises, appartenant à la vieille race du pays antérieure à la conquête, c'est-à-dire touranienne, constituant le fond de la population rurale et divisées en deux groupes, les agriculteurs sédendentaires, *Buzá* et *Búdiyá*[2], et les nomades pasteurs, *Paraitaká* et *Catrauvatis*[3]. » Ces observations de Lenormant me paraissent très justes[4]. A l'époque, et surtout dans les pays dont nous nous occupons, pas plus que de notre temps, un peuple n'était un et de même race. Mais avec l'état de civilisation qui régnait alors, l'assimilation ne se produisait pas aussi rapidement qu'aujourd'hui, et nomades, agriculteurs et conquérants pouvaient vivre longtemps mêlés sans se confondre. Aussi, bien que la plupart des γένεα signalés par Hérodote chez les Perses puissent être plutôt en effet des tribus ou des peuplades

1. *Ariyazantu* « de la race des Aryas », dans Hérodote Ἀριζαντοί; — *Magus* « grands? », Μάγοι.

2. *Buzá* « autochthones », Βοῦζαι; — *Búdiyá* « tenanciers du sol », Βούδιοι. D'après M. Oppert, les Boudiens auraient été des Aryens.

3. *Paraitaká* « nomades », Παρητακηνοί; — *'Catrauvatis* « habitant des tentes », Στρούχατες.

4. Voyez cependant A. Delattre, *Le peuple et l'empire des Médes*, p. 54 et suiv.

ayant chacune son district, je crois qu'on peut inférer lé-
gitimement des paroles de cet auteur qu'il en allait en
Perse comme en Médie, et qu'une minorité aryenne et
conquérante y dominait sur un fond de population touranien. Écoutons parler le Père de l'histoire : « Cyrus
délibéra du moyen le plus habile de pousser les Perses à
la rébellion, et, après examen, voici ce qu'il trouva le
plus à propos et ce qu'il mit à exécution. Il écrivit une
lettre où il dit ce qu'il voulut, puis convoqua une assem-
blée des Perses. Alors, ouvrant la lettre, il lut qu'Astyage
le déclarait chef des Perses. « Et maintenant, Perses, con-
« tinua-t-il, je vous commande de vous rendre tous ici,
« chacun avec une faux. » Voilà ce que dit Cyrus. *Mais
il y a de nombreuses tribus de Perses, et c'est seulement
à quelques-unes d'entre elles, qu'il assembla, que Cyrus
persuada de se révolter contre les Mèdes. Ces tribus,
dont tous les autres Perses dépendent, sont celles-ci :
Pasargades, Maraphiens, Maspiens. Les plus nobles
sont les Pasargades; à leur tribu appartient la famille
des Achéménides, d'où sont sortis les rois de Perse. Il
y a encore d'autres Perses, les Panthialéens, les Déru-
siéens, les Germaniens, qui sont laboureurs; les autres
sont nomades : Daëns, Mardes, Dropiques et Sagartiens*[1]. » Pourquoi Cyrus s'adressa-t-il seulement à trois
tribus sur dix, pour leur conseiller la révolte? Est-ce
parce qu'elles étaient les plus influentes et devaient en-
traîner les autres? Je ne le crois pas. C'est par mépris
pour des peuplades vaincues et entièrement dépendantes,
partagées comme en Médie en pasteurs et en agriculteurs;
par défiance aussi d'une race étrangère et autochthone.
Deux des sept dernières tribus nous sont d'ailleurs connues comme des populations élamites et touraniennes :
les Mardes (Μάρδοι ou Ἄμαρδοι de Strabon[2]), qui sont les
Habirdib ou Élamites des inscriptions des Achéménides
dites de la seconde espèce; les Daëns, *Déhâyé*, nommés
par Esdras (IV, 9) entre les Susiens et les Élamites. Tout

---

1. Hérodote, liv. I, 125.
2. Livre XI, 13, 3, 6 et XV, 3, 1.

porte à croire qu'elles ne constituaient pas une exception
et que les cinq autres leur étaient apparentées[1]. Ceci
admis, nous pouvons conclure que c'est à la population
touranienne de la Perse, non à celle de la Médie, que
les rois perses s'adressaient dans la langue de la seconde
colonne de leurs inscriptions. Et puisque l'affinité de cette
langue avec un dialecte élamite, le susien, est reconnue,
puisque l'Anzan est un pays d'Elam et doit être placé
près de la Perse, et puisqu'enfin nous voyons les rois de
Perse jusqu'à Cyrus recevoir à Babylone le titre de roi
d'Anzan, nous ne risquons pas de nous tromper en qua-
lifiant de dialecte d'Anzan, ou d'anzanite, la langue des
inscriptions de la seconde espèce[2].

Cela va nous permettre de préciser davantage la situation du pays d'Anzan. On a trouvé à Mal-Amir, presque à
la limite de la Susiane, du côté de la Perse, des textes
écrits en un dialecte élamite, et ce dialecte est non pas
l'anzanite, mais le susien[3]. L'Anzan ne commençait donc
qu'au delà de Mal-Amir. Mais au delà de Mal-Amir, c'est
la Perse. Conséquence obligée, l'Anzan et la Perse sont
le même pays. Si Sennachérib distingue entre les deux
dans le dénombrement qu'il fait des alliés d'Elam, c'est
que de son temps la conquête de l'Anzan par les Perses
n'était pas encore achevée ou même commencée. Les

---

1. Il est vrai qu'Hérodote dit formellement (livre VII, 85) que les Sagartiens étaient un peuple de race perse et parlaient la langue perse.
Je ne puis m'empêcher cependant de faire remarquer qu'ils étaient
nomades et qu'ils ne portaient pas le costume perse, mais un costume
intermédiaire entre celui des Perses et celui des Pactyens. (Hérodote,
ibid.) Ajoutez qu'aux Sagartiens et aux Mardes de la Perse, mis sur la
même ligne par Hérodote, correspondaient dans la région nord-ouest
de la Médie d'autres Sagartiens, (Téglatphalasar II, WAI, II, pl. 67,
l. 30, 36 ; — Sargon, *Khorsabad*, l. 37, 45 ; — *Inscriptions de Behis-
toun*, col. 2, § 14, 15, et col. 4, § 2 ; — Ptolémée, VI, 2, 6) et d'autres
Mardes (Strabon, XI, 7, 1 ; 13, 3 ; — Ptolémée, VI, 2, 5), rapprochés
par leur situation géographique. Pourrait-on aussi assimiler les Δρίβυχες
de Ptolémée (VI, 2, 5), voisins de la mer Caspienne, aux Δροπικοί d'Hérodote, et à ses Daëns, les Δᾶαι de Strabon (XI, 7, 1 ; 8, 2)? Et qu'é-
taient ces Cyrtiens, placés par Strabon partie en Atropatène et partie
en Perse (XI, 13, 3 et XV, 3, 1)?

2. Cf. Delattre, *op. cit.*, p. 43, 44.

3. Layard, *Inscriptions in the cuneiform character*, pl. 31 et 36.

Perses viennent seulement d'arriver ; ils sont aux portes. Au contraire, quand les Annales de Nabonide ont été écrites, il y avait longtemps que la conquête était chose finie ; pour l'auteur de ces annales, les deux mots de Perse et d'Anzan étaient devenus absolument synonymes.

D'où venaient les Perses, puisqu'ils n'étaient dans le pays qui porte leur nom que des conquérants ? Je crois que les inscriptions assyriennes peuvent nous l'apprendre. J'ai déjà dit que, depuis Salmanasar II jusqu'à Sargon, on trouve fréquemment mentionné, dans les récits des campagnes des rois d'Assour, un pays de Parsua, situé aux environs, probablement au sud-est, du lac d'Ourmia. La différence de ce nom de *Parsua*, ou *Parsuaš*, et du nom de la Perse dans les inscriptions des Achéménides, *Parsu*, ne fait par elle-même aucun obstacle à leur identification ; l'identité des deux noms a même été admise tout d'abord par les savants, et elle n'aurait jamais cessé de l'être, si la situation opposée des pays qu'ils désignent n'eût été bien vite solidement établie. Il est remarquable pourtant que les habitants du pays de Parsua devaient être, comme les Perses, de race iranienne. Proches voisins des Mèdes, ils vivaient comme ceux-ci divisés en clans ; les vingt-sept rois de Parsua qui payèrent tribut à Salmanasar II, dans la vingt-quatrième année de son règne[1], forment l'exact pendant des quarante-cinq chefs mèdes dont Sargon, dans sa neuvième année, reçut les présents et la soumission[2]. Le pays de Parsua est aussi nommé presque toujours en compagnie de celui de Manna, qui devait le précéder immédiatement sur la route d'Assour à la mer Caspienne, et qu'il faut désormais renoncer à assimiler à Van[3]. Or le Manna a pu lui-même appartenir à des Aryens, au moins au temps de Sargon, car deux rois de ce pays sont nommés Dayukku et Bagdatti (*Dâhyuku* « Déjocès » et *Bagadâta*)[4]. Quoi qu'il en soit

---

1. *Obélisque*, l. 119.

2. Botta, 80, 10.

3. Sayce, *The cuneiform inscriptions of Van* (Extrait du *Journal of the Royal asiatic society*, vol. XIV), p. 389.

4. Sargon, *Inscription des fastes*, l. 49.

de ce dernier point, le pays de Parsua, passé Sargon, disparaît complètement; on n'en trouve plus aucune trace dans les inscriptions des derniers rois d'Assyrie, si l'on excepte le passage traduit plus haut du cylindre de Sennachérib, qui fait mention du Parsuaš à côté de l'Anzan et de l'Elam. Comment expliquer ce silence des textes? Le Parsua, entièrement soumis par Sargon, et qui n'est plus sous ce roi qu'une préfecture de l'Assyrie[1], est-il donc toujours resté fidèle, tandis qu'autour de lui les Mèdes, l'Ellibi, le Manna et l'Urartu se révoltaient? J'en serais étonné. A-t-il secoué le joug? Nous devrions alors le rencontrer devant les troupes assyriennes, soit quand elles poussent avec Asarhaddon jusqu'aux montagnes de Bikni, soit quand elles font campagne au pays de Manna avec Assourbanabil. L'explication qui me paraît la plus vraisemblable est que le Parsua n'est plus désormais à son ancienne place. Les habitants ont émigré, emportant avec eux le nom de leur pays. Fuyant peut-être devant la terreur des armes assyriennes, toujours plus puissantes jusqu'à Sargon, — terreur qui poussait au même moment les Mèdes plus lointains à mettre fin à leur anarchie et à s'unir autour de Déjocès, — ils sont partis, pour échapper à la conquête et à la transportation, et après avoir côtoyé la chaîne du Zagros et le massif des montagnes élamites, ils se sont arrêtés où nous les trouvons sous Sennachérib, aux environs du pays d'Anzan. En même temps que leurs points de départ et d'arrivée, nous apprendrions des textes, s'il en était ainsi, l'époque précise de leur migration.

Nous apprendrions peut-être encore — car une hypothèse en entraîne une autre — le nom du chef qui conduisit l'exode. Darius, au début de l'inscription de Béhistoun, établit ainsi sa descendance : « Moi Darius, grand roi, roi des rois, roi de Perse, roi des pays, fils d'Hystaspes, petit-fils d'Arsamès, Achéménide. Darius le roi dit : Mon père est Hystaspes, le père d'Hystaspes fut Arsamès, le père d'Arsamès fut Ariaramnès, le père d'Ariaramnès fut

____

1. *Ibid.*, 1. 58.

Téispès, le père de Téispès fut Achéménès. Darius le roi dit : C'est pour cela que nous sommes appelés Achéménides. Depuis longtemps nous sommes illustres, depuis longtemps ceux de notre famille sont rois. Darius le roi dit : Huit de ma famille ont été rois avant moi ; je suis le neuvième. Nous sommes rois en deux branches. » Il affirme plus loin sa parenté avec Cyrus : « Darius le roi dit : Voici ce que j'ai fait avant d'être roi. Cambyse fils de Cyrus, de notre famille, était roi avant moi... La royauté que Gomatès le Mage avait enlevée à Cambyse était depuis longtemps dans notre famille... Je recouvrai la royauté qui avait été enlevée à notre famille[1]. » Comme d'autre part Cyrus, dans le célèbre passage que j'ai traduit plus haut, se dit fils de Cambyse, petit-fils de Cyrus, arrière-petit-fils de Téispès, on s'est accordé à dresser comme il suit le tableau généalogique des Achéménides : Achéménès, Téispès, — puis dans une branche aînée : Cyrus, Cambyse, Cyrus, Cambyse, — et dans une branche cadette : Ariaramnès, Arsamès, Hystaspes, Darius. Eclatante confirmation, a-t-on dit, des données d'Hérodote, qui fait jurer ainsi Xerxès par ses ancêtres et prédécesseurs royaux : Μὴ γάρ εἴην ἐκ Δαρείου τοῦ Ὑστάσπεος τοῦ Ἀρσάμεος τοῦ Ἀριαράμνεω τοῦ Τείσπεος τοῦ Κύρου τοῦ Καμβύσεω τοῦ Τείσπεος τοῦ Ἀχαιμένεος γεγονώς, μὴ τιμωρησάμενος Ἀθηναίους[2], et qui connait parfaitement d'ailleurs le premier Cyrus[3] et le dernier Cambyse, passés sous silence dans ce serment. Mais on se heurte alors à une difficulté. Darius dit expressément que huit rois de sa famille ont régné avant lui, qu'il est le neuvième. Le tableau précédent comptant dix Achéménides, c'est trop ou pas assez : trop, si les deux branches ont régné ; pas assez, si la branche d'Ariaramnès n'a pas régné. On est donc forcé ou bien, si l'on admet que les deux branches ont régné simultanément après la mort de Téispès, — d'après les uns, Ariaramnès dans l'Atropatène orientale, Cyrus Ier

---

1. Col. 1, § 10, 12 et 14.
2. Livre VII, 11.
3. Livre I, 111.

en Perse[1] ; d'après d'autres, Ariaramnès en Perse, Cyrus Ier dans l'Anzan[2], — de sacrifier soit Hystaspes, que son fils Darius, pas plus qu'Hérodote, ne nomme roi, soit le premier Cyrus, sur qui se tait le serment de Xerxès ; ou bien, si l'on préfère refuser la royauté à la branche de Darius, on est forcé de se décider pour l'une de ces deux alternatives : Darius a compté dans son calcul des rois de Perse antérieurs à Achéménès[3] ; Darius a exagéré, n'a pas dit vrai[4].

Je me refuse à admettre que Darius ait pu mentir, avec la complicité de ses historiographes et de ses graveurs, dans une inscription destinée à tous, sur un fait connu de tous. S'il a d'ailleurs approuvé le mensonge (Hérodote, III, 72), sûrement ce n'a été que le mensonge habile ; et l'on doit reconnaître que celui-ci n'eût pas été tel. Je ne puis croire non plus qu'il ait songé à des aïeux antérieurs à Achéménès. Non qu'il soit sans exemple que pour l'appellation générique d'une dynastie le nom du fondateur ait cédé à un nom plus glorieux (Carlovingiens), mais il est plus ordinaire qu'une race royale soit dénommée d'après son premier roi ou même d'après un ancêtre plus reculé (Arsacides ; Sassanides). Faut-il donc supposer qu'Ariaramnès, Arsamès et peut-être Hystaspes ont régné ? D'abord, si on reconnaît avec moi l'équivalence des noms de Perse et d'Anzan, point de royauté pour eux en Perse. Mais en quelque pays qu'on prétende la placer, en Perse ou dans l'Atropatène, cette royauté est une hypothèse sans aucun fondement historique, pour ce qui est d'Arsamès et d'Ariaramnès : nulle part ils ne sont traités de rois ; et pour ce qui est d'Hystaspes, l'hypothèse est en contradiction avec le langage d'Hérodote et de Darius, qui parlent de lui comme d'un satrape ou d'un général, non comme d'un roi vassal[5] ; en contradiction

---

1. Floigl, *op. cit.*, p. 14.
2. Dieulafoy, *L'art antique de la Perse.*
3. Oppert, *passim.*
4. Halévy, *op. cit.*, p. 114, 115.
5. Hérodote, I, 209, 210 ; III, 70 ; — *Inscription de Béhistoun*, col. 2, § 16.

encore avec le témoignage de Cyrus, qui attribue formellement à son grand-père la couronne qu'on voudrait lui enlever pour la placer sur la tête d'Hystaspes ; en contradiction surtout avec les textes d'Artaxerxès II Mnémon et d'Artaxerxès III Ochus[1], qui, dans la liste qu'ils nous ont transmise de leurs aïeux, l'un jusqu'à Hystaspes, l'autre jusqu'à Arsamès, refusent à ces deux derniers le titre de roi qu'ils ont donné à tous les autres. Il a fallu la nécessité de trouver huit prédécesseurs à Darius, pour qu'on ait songé à ériger en maison régnante une branche de cadets[2], dans lesquels on ne peut même voir des princes dépossédés ; car Darius, si sévère pour le mage usurpateur, ne parle qu'avec respect de Cambyse et de Cyrus. C'est entre Téispès et Achéménès qu'on doit chercher les rois qui nous manquent. Je sais bien que l'inscription de Béhistoun semble s'y opposer. Darius y emploie absolument le même mot pour nous dire que *le père* d'Hystaspes fut Arsamès et que *le père* de Téispès fut Achéménès. Mais, d'autre part, Cyrus ne pousse sa généalogie que jusqu'à Téispès ; or, comment le prince qui s'est proclamé Achéménide sur les piliers de Mourghâb se serait-il arrêté à Téispès, si en effet il n'avait plus eu qu'un nom à rappeler pour arriver jusqu'au chef de sa famille ? Au lieu de ce nom, il a préféré ajouter : *rejeton d'une longue suite de rois*, ce qui peut bien faire croire qu'il y en avait encore plus d'un à citer. Les paroles de Darius : « Depuis les temps anciens nous sommes illustres, depuis les temps anciens ceux de notre famille sont rois », paraîtront aussi trop prétentieuses, si elles ne sont justifiées que par cent trente ans à peu près de royauté. Le mieux est de revenir une fois de plus au vieux conteur Hérodote, dont l'autorité n'a fait que gagner aux découvertes modernes, et d'interpréter à la lettre le serment de Xerxès. Celui-ci n'a nommé que ses ancêtres directs.

<hr>

1. Spiegel, *Die altpersischen Keilinschriften*, 1862, p. 65 et 67.

2. La phrase : « Nous sommes rois en deux branches » de l'inscription de Béhistoun n'est pas encore sûrement comprise. Et, d'ailleurs, la seconde branche des Achéménides est arrivée au trône avec Darius, qui parle ainsi.

Nous n'avons donc pas à accumuler sur γεγονώς les deux sens d' « issu de » et d' « héritier de », ni à rechercher pourquoi Xerxès aurait omis dans la branche collatérale de sa famille le second Cambyse et le premier Cyrus. Nous croirons, jusqu'à preuve du contraire, qu'il faut ainsi rétablir la descendance des Achéménides : Achéménès, Téispès Ier, Cambyse, Cyrus, Téispès II, puis les deux branches sorties de Téispès II. Alors la donnée de Diodore de Sicile, relative à un Cambyse, père d'un Cyrus et antérieur à Téispès II, auquel se rattachaient les rois de Cappadoce[1], reprendra jusqu'à plus ample information la valeur qu'on s'est cru obligé de lui dénier. Alors aussi, en comptant par génération vingt-deux ans, chiffre qui ne semble pas trop restreint eu égard aux usages orientaux, on reconnaîtra dans Achéménès un contemporain de Sargon[2] et le conducteur possible de l'émigration des Perses ; et Téispès II, le prince dont la dynastie des Achéménides s'honorait le plus après son fondateur, celui auquel Cyrus a arrêté sa généalogie, contemporain de Nabuchodonosor, sera le premier roi de Perse ayant étendu sa domination sur l'Elam[3]. Enfin, nous aurons une série possible de neuf rois de Perse avant Darius. Nous aurons même dix rois possibles. Mais ne pourrait-on supposer qu'un des trois premiers descendants d'Achéménès soit mort avant son père, et sans avoir régné ?

---

1. Livre XXXI, 19.

2. Sargon a régné de 722 à 706. Or, Cyrus est monté sur le trône en 559 ; $559 + 7 \times 22 = 713$.

3. « Une prophétie de Jérémie, datée du début de Sédécias, (XLIX, 34) annonce la ruine d'Elam ... Mais cette même prophétie termine par la promesse de la délivrance pour Elam ; cette promesse, très probablement réalisée déjà au moment où elle était faite, se rapporte sans doute à l'avénement de la dynastie persane qui aura arraché l'Elam aux mains affaiblies de Babylone. » (J. Darmesteter, *Revue critique* du 26 mai 1884, p. 425.) — Sédécias a régné à partir de 598. Et Téispès a pu régner de 625 à 600, puisque $559 + 3 \times 22 = 625$.

37e fascicule : Histoire critique des règnes de Childerich et de Chlodovech, par M. Junghans, traduit par G. Monod, et augmenté d'une introduction et de notes nouvelles. 6 fr.

38e fascicule : Les Monuments égyptiens de la Bibliothèque nationale (cabinet des médailles et antiques), par E. Ledrain, 1re partie. 12 fr.

39e fascicule : L'Inscription de Bavian, texte, traduction et commentaire philologique avec trois appendices et un glossaire par H. Pognon. 1re partie. 6 fr.

40e fascicule : Patois de la commune de Vionnaz (Bas-Valais), par J. Gilliéron, accompagné d'une carte. 7 fr. 50

41e fascicule : Le Querolus, comédie latine anonyme, par L. Havet. 12 fr.

42e fascicule : L'Inscription de Bavian, texte, traduction et commentaire philologique avec trois appendices et un glossaire par H. Pognon, 2e partie. 6 fr.

43e fascicule : De Saturnio latinorum versu scripsit L. Havet. 15 fr.

44e fascicule : Études d'archéologie orientale, par Ch. Clermont-Ganneau, tome premier. 1re livraison. 10 fr.

45e fascicule : Histoire des institutions municipales de Senlis, par J. Flammermont. 8 fr.

46e fascicule : Essai sur les origines du fonds grec de l'Escurial, par C. Graux. 15 fr.

47e fasc. : Les monuments égyptiens de la biblioth. nat., par E. Ledrain. 2e et 3e liv. 25 fr.

48e fasc. : Étude sur le texte de la vie latine de Ste Geneviève de Paris, par C. Kohler. 6 fr.

49e fasc. : Deux versions hébraïques du Livre de Kalilâh et Dimnâh, par J. Derenbourg. 20 fr.

50e fascicule : Recherches sur les relations politiques de la France avec l'Allemagne, de 1292 à 1378, par A. Leroux. 7 fr. 50

51e fascicule : Principaux monuments du Musée égyptien de Florence, par W. B. Berend, 1re partie. Stèles, bas-reliefs et fresques. Avec 10 pl. photogravées. 50 fr.

52e fascicule : Les lapidaires français du moyen âge des xie, xiie et xive siècles, réunis classés et publiés, accompagnés de préfaces, de tables et d'un glossaire par L. Pannier avec une notice préliminaire par G. Paris, membre de l'Institut. 10 fr.

53e et 54e fasc. : La religion védique d'après les hymnes du Rig-Veda, par A. Bergaigne, membre de l'Institut. Vol. II et III. 27 fr.

55e fascicule : Les Établissements de Rouen, par A. Giry, tome Ier. 15 fr.

56e fascicule : La métrique naturelle du langage, par P. Pierson. 10 fr.

57e fascicule : Vocabulaire vieux-breton avec commentaire contenant toutes les Gloses en vieux-breton, gallois, cornique, armoricain connues, par J. Loth. 10 fr.

58e fascicule : Hincmari de ordine palatii epistola. Texte latin traduit et annoté par M. Prou. 4 fr.

59e fascicule : Les Établissements de Rouen, par A. Giry, tome second. 10 fr.

60e fascicule : Essai sur les formes et les effets de l'affranchissement dans le droit gallo-franc, par M. Fournier 5 fr.

61e et 62e fascicules : Li Romans de Carité et Miserere du Renclus de Moiliens, publiés par A.-G. Van Hamel. 20 fr.

63e fascicule : Études critiques sur les sources de l'histoire mérovingienne. 2e partie. Compilation dite de « Frédégaire » par G. Monod, directeur d'études et par les membres de la Conférence d'histoire. 6 fr.

64e fascicule : Étude sur le règne de Robert le Pieux, 996-1031, par C. Pfister. 15 fr.

65e fascicule : Nonius Marcellus, Collation de plusieurs manuscrits de Paris, de Genève et de Berne, par H. Meylan, suivi d'une notice sur les principaux manuscrits de Nonius pour les livres I, II et III, par Louis Havet. 5 fr.

66e fascicule : Le livre des parterres fleuris. Grammaire hébraïque en arabe d'Abou'l-Walid Merwan Ibn Djana de Cordoue, publiée par J. Derenbourg, membre de l'Institut. 25 fr.

COLLECTION PHILOLOGIQUE. Recueil de travaux originaux ou traduits, relatifs à la philologie et à l'histoire littéraire. Format in-8°.

1er fascicule : La théorie de Darwin ; de l'importance du langage pour l'histoire naturelle de l'homme, par A. Schleicher. 2 fr.

2e fascicule : Dictionnaire des doublets ou doubles formes de la langue française, par A. Brachet. 2 fr. 50

3e fascicule : De l'ordre des mots dans les langues anciennes comparées aux langues modernes, par H. Weil. Nouvelle édition. 4 fr.

4e fascicule : Dictionnaire des doublets ou doubles formes de la langue française, par A. Brachet. Supplément. 50 c.

5e fascicule : Les noms de famille, par E. Ritter. 3 fr. 50.

6e fascicule : Études philologiques d'onomatologie normande, par H. Moisy. 8 fr.

7e fascicule : Essai sur la langue basque, par F. Ribary, professeur à l'Université de Pesth. Traduit du Hongrois par J. Vinson. 5 fr.

8e fascicule : De conjugatione latini verbi « Dare », a James Darmesteter. 1 fr. 50

9e fascicule : De Floovante vetustiore gallico poemate scripsit A. Darmesteter. 5 fr.

10e fascicule : Histoire des participes français, par Amédée Mercier. 5 fr.

11e fascicule : Étude sur Denys d'Halicarnasse et le traité de la disposition des mots, par Émile Baudat. 2 fr.

12e fascicule : De neutrali genere quid factum sit in gallica lingua scripsit A Mercier. 3 fr.

13e fascicule : Du génitif latin et de la préposition DE. Étude de syntaxe historique sur la décomposition du latin et la formation du français, par P. Clairin. 7 fr. 50

BERGAIGNE (A.). Manuel pour étudier la langue sanscrite. Chrestomathie. Lexique. Principes de grammaire. Gr. in-8. 12 fr.

BIBLIOTHÈQUE FRANÇAISE DU MOYEN AGE publiée sous la direction de MM. G. Paris et P. Meyer, membres de l'Institut. Format petit in-8o.

Vol. I, II : Recueil de motets français des xiie et xiiie siècles, publiés d'après les manuscrits avec introduction, notes, variantes, etc., par G. Raynaud, suivis d'une étude sur la musique au siècle de saint Louis, par H. Lavoix fils. 18 fr.

Vol. III : Le Psautier de Metz, tome Ier, texte et variantes, publié d'après quatre manuscrits par F. Bonnardot. 9 fr.

Vol. IV et V : Alexandre le Grand, publié par P. Meyer, membre de l'Institut, 2 vol. contenant : 1° Le fragment d'Albéric de Besançon ; 2° la version en vers de dix syllabes d'après les mss. de Paris et de Venise ; 3° Les enfances Alexandre d'après le ms. 789 de la Bibl. nat. ; 4° Extraits de l'Alexandre de Thomas de Kent; 5° Histoire de la légende d'Alexandre en Occident. Les 2 volumes. 18 fr.

BREKKE (K.). Etude sur la flexion dans le voyage de saint Brandan, poème anglo-normand du xiie siècle. In-8°. 3 fr.

CHRESTOMATHIE de l'ancien français (ixe-xve siècles) à l'usage des classes, précédée d'un tableau sommaire de la littérature française au moyen âge et suivie d'un glossaire étymologique détaillé par L. Constans. In-8° cartonné. 6 fr.

CURTIUS (G.). Grammaire grecque classique, traduite sur la quinzième édition allemande par P. Clairin. In-8°. 7 fr. 50

DIEZ (F.). Grammaire des langues romanes, traduite sur la 3e édit. allemande refondue et augmentée. T. Ier traduit par A. Brachet et G. Paris. T. II et III traduits par A. Morel-Fatio et G. Paris. Gr. in-8°. Epuisé. 40 fr.

FLAMENCA (le roman de), publié d'après le manuscrit unique de Carcassonne, avec introduction, sommaire, notes et glossaire par P. Meyer. Gr. in-8°. 12 fr.

GODEFROY (F.) Dictionnaire de l'ancienne langue française et de tous ses dialectes, du xie au xve siècle, composé d'après le dépouillement de tous les plus importants documents, manuscrits ou imprimés, qui se trouvent dans les grandes bibliothèques de la France et de l'Europe, et dans les principales archives départementales, municipales, hospitalières ou privées. Publié sous les auspices du Ministère de l'Instruction publique, et honoré par l'Institut du grand prix Gobert.
Paraît par livraisons de 10 feuilles gr. in-4° à trois colonnes au prix de 5 fr. la liv. L'ouvrage complet se composera de 100 livraisons.

MÉMOIRES de la Société de linguistique de Paris. Tome 1er complet en 4 fascicules ; T. 2e complet en 5 fascicules ; T. 3e complet en 5 fascicules ; T. 4e complet en 5 fascicules ; T. 5e complet en 5 fascicules. 114 fr.

MOREL-FATIO (A.). La Comedia espagnole du xviie siècle. Cours de langues et littératures de l'Europe méridionale au Collège de France. Leçon d'ouverture. In-8°. 1 fr. 50

MYSTÈRE (le) de la Passion d'Arnoul Greban, publié d'après les mss. de Paris, avec une introduction et un glossaire par G. Paris et G. Raynaud, 1 fort vol. gr. in-8° à 2 col. 25 fr.

PARIS (G.). Etude sur le rôle de l'accent latin dans la langue française. In-8°. 4 fr.
— Dissertation critique sur le poème latin du Ligurinus attribué à Gunther. In-8°. 2 fr.
— Le petit Poucet et la Grande-Ourse, 1 vol. in-16. 2 fr. 50
— Les contes orientaux dans la littérature française du moyen âge. In-8°. 1 fr.
— Grammaire historique de la langue française. Cours professé à la Sorbonne en 1868. Leçon d'ouverture. 1 fr.

RECUEIL d'anciens textes bas-latins, provençaux et français, accompagnés de deux glossaires et publiés par P. Meyer. 1re partie : bas-latin, provençal. Gr. in-8°. 6 fr.
2e partie : vieux français. Gr. in-8°. 6 fr.

VIE (la) de saint Alexis, poème du xie siècle. Texte critique publié par G. Paris. Petit in-8°. 4 fr. 50

REVUE CELTIQUE, fondée par M. H. Gaidoz, publiée avec le concours des principaux savants français et étrangers par M. d'Arbois de Jubainville. Chaque volume se compose de 4 livraisons d'environ 130 pages chacune. — Prix d'abonnement : Paris, 20 fr.; départements et pays faisant partie de l'Union postale, 22 fr.; édition sur papier de Hollande : Paris, 40 fr.; départements et pays faisant partie de l'Union postale, 44 fr.
Le septième volume est en cours de publication.

ROMANIA, recueil trimestriel consacré à l'étude des langues et des littératures romanes, publié par MM. Paul Meyer et Gaston Paris. Chaque numéro se compose de 160 pages qui forment à la fin de l'année un vol. gr. in-8° de 640 pages. — Prix d'abonnement : Paris, 20 fr.; départements et pays faisant partie de l'Union postale, 22 fr.; édition sur papier de Hollande : Paris, 40 fr.; départements et pays faisant partie de l'Union postale, 44 fr.
La quinzième année est en cours de publication.
Aucune livraison de ces deux recueils n'est vendue séparément.